AF385187

DE LA FRANCE

ET DE

LA CENSURE.

Fais ce que dois, advienne que pourra.
(Vieille devise.)

PARIS,

CHEZ PILLET AÎNÉ, IMPRIMEUR-LIBRAIRE,

RUE DES GRANDS-AUGUSTINS, Nº 7.

ET CHEZ LES MARCHANDS DE NOUVEAUTÉS.

AOUT 1827.

AVERTISSEMENT.

Dans les siècles que traversent les empires, il est des époques où *quelque chose de violent se remue au fond des cœurs,* où une grande arène est ouverte pour le combat à mort entre les saines et les mauvaises doctrines, entre l'ordre et l'anarchie, entre l'athéisme et la religion. Honte alors à celui qui demeurerait spectateur indifférent sur les degrés de l'amphithéâtre! Souvent la voix la plus faible a le pouvoir de se faire entendre, tant les desseins de Dieu sont incompréhensibles!

La faveur populaire ne s'attachera pas à des paroles aussi sévères que les nôtres : mais le tems est venu de braver les outrages et la haine ; et s'il est vrai, comme on l'a répété jusqu'à satiété, qu'il y a du courage (courage bien facile de nos jours) à dire la vérité aux rois, on conviendra qu'au tems où nous vivons, il y a quelque courage à ne pas flatter les peuples : quand on pousse le char de l'état dans l'abîme, il faut roidir ses bras pour l'arrêter, ou se faire écraser.

DE LA FRANCE

ET

DE LA CENSURE.

LA liberté de la presse ne renferme pas plus le droit de tout écrire, que le droit de tout faire n'est renfermé dans la liberté individuelle.

Les hommes, pour exister en société, ont dû chacun faire à tous l'abandon d'une portion du droit d'agir. De là, les lois pénales.

Mais les hommes portent atteinte à la société par la publication de leurs pensées non moins que par leurs actions ; encore même l'attentat commis par la licence des pensées est-il plus funeste que l'attentat par la licence des actions ; car on pourrait considérer l'attentat par la licence d'action comme se bornant au moment où il est commis et à l'individu contre lequel il est commis, tandis que l'attentat par la licence de la pensée s'étend à l'infini, et se renouvelle autant de fois qu'il est connu.

Il faut donc aussi que chaque homme fasse à tous l'abandon d'une portion de son droit de penser et d'écrire.

Or, la liberté individuelle n'étant que le droit de faire ce qui n'est pas légalement défendu, la liberté de la presse ne doit être que le droit de publier des pensées dont la manifestation n'est pas défendue par les lois.

Des lois doivent régler l'exercice de ce droit ; tout ce qui sera renfermé dans le cercle tracé sera la liberté : au delà, tout sera licence.

Tel est le principe consacré par l'art. 8 de la Charte constitutionnelle :

« Les Français ont le droit de publier et de » faire imprimer leurs opinions, en se confor- » mant aux lois qui doivent réprimer les abus » de cette liberté. »

Une loi existait pour réprimer ces abus. Elle avait été suspendue le jour d'un heureux avènement : elle vient d'être remise en vigueur. Cette mesure est-elle justifiée par la gravité des circonstances ? Cette mesure est-elle légale ? Telles sont les questions que nous nous proposons d'examiner.

Depuis le jour où un philosophisme audacieux, en niant Dieu, a sapé l'édifice social, une guerre sans mesure comme sans relâche a été faite à tout ordre établi. La royauté a été nommé tyrannie, le christianisme superstition. Les écrits des impudens sectaires ont été multipliés, et colportés d'un pôle à l'autre avec une persévérance et une vitesse vraiment sataniques. De nos jours, la presse a tout reproduit ; depuis la chanson impudique jusqu'à ces poëmes où la muse se prostituait au démon de la luxure et de l'impiété ; depuis ces libelles où le *servum pecus* de la philosophie se faisait l'écho de quelques plats blasphêmes ou de lâches calomnies, jusqu'aux œuvres de ces hommes dont le génie sacrilége voulait bannir Dieu du ciel même, et qui, selon l'expression sublime de saint Louis mourant, *ont guerroyé Dieu de ses dons.*

Trente ans de révolutions n'ont pas lassé le génie du mal. Chaque jour il sort de son antre ; ses mains, avec une rapidité inconcevable, jettent dans l'atelier de l'artisan, dans le comptoir du banquier, dans les écoles publiques, dans les rangs des soldats, dans les palais et jusque dans les cabanes du laboureur, ces écrits, ces journaux où se trouvent rajeunies les détestables maximes que certains hom-

mes veulent mettre à la place des seules doctrines vraies en morale , en politique et en
religion.

Ces hommes échappaient à toute surveillance
et parfois à tout châtiment. Dans leur astuce
machiavélique ; ils attaquent tantôt les institutions , tantôt les individus. Si les lois protègent
plus spécialement les institutions , ils frappent
les individus chargés de les faire respecter; c'est
ainsi que , n'osant pas toujours braver de front le
christianisme, ils s'efforcent de livrer les prêtres
au ridicule ou à la haine. Si les lois, au contraire,
protègent plus spécialement les individus, alors
ils s'attachent aux institutions ; c'est ainsi que ,
n'osant provoquer au mépris ou à la haine du
Roi, ils prêchent les doctrines anti-monarchi-
ques. Sarcasmes , dédain, calomnie , tout est
mis habilement en œuvre. Les plus horribles
attentats les trouvent souvent sans indignation,
car, suivant eux, les crimes ne sont plus le
résultat de l'immoralité, mais d'une certaine
organisation physique. Ces hommes ne cessent
de parler contre l'hypocrisie religieuse. Mais
ils sont la preuve vivante que la tartuferie
politique est à l'ordre du jour; n'ont-ils pas
porté tour à tour et le bonnet phrygien de 93
et la livrée du despotisme consulaire et impé-

rial? Ils ont fait usage des ciseaux du censeur, et ils parlent contre la censure ; ils ont accepté et béni le glaive qu'un conquérant plaçait sur leurs lèvres comme un bâillon, et ils parlent en faveur de la liberté ; ils ont, dans un acte additionnnel trop célèbre, voté à jamais l'exil des Bourbons, et ils parlent de leur dévouement à nos Rois ; ils parlent de leur respect pour la religion et pour le sacerdoce, et ils tournent en ridicule les pratiques du culte et ses ministres. Enfin ils invoquent la tolérance, et ils ne tolèrent d'autres opinions que celles qu'ils ont eux-mêmes. Etrange système de déception, qui ferait sourire de pitié s'il ne faisait pas des dupes !

Chaque jour des historiens imberbes, des publicistes manœuvres s'efforcent de déshériter les siècles passés de toute leur gloire, et les vertus de nos aïeux sont l'objet de leur risée. Les plus grands rois de la plus noble race de rois qui soit au monde sont traînés devant les peuples pour s'y voir dépouillés de la vénération et de la grandeur dont la postérité avait environné leur mémoire, et, à les entendre, la gloire de la France ne date que de l'ère nouvelle. Elle a donc commencé au pied des échafauds ! Quelle ingratitude pour tout ce qui a été fait de grand et de beau dans notre vieille patrie !

Le clergé de France a été certainement une des plus belles agrégations morales qu'il ait été donné au monde de voir. C'est lui qui a conservé les lettres* à travers les ténèbres du moyen âge ; c'est lui qui a toujours tonné contre l'esclavage et l'usure.

Depuis l'humble hermitage où le pauvre allait conter ses peines, et d'où il revenait consolé, jusqu'à ces riches abbayes qui nourrissaient des communes entières ; depuis le pauvre frère de l'école chrétienne, qui apprend au peuple à aimer et à servir Dieu et le Roi, juqu'aux savans docteurs de l'illustre Sorbonne ; depuis le modeste presbytère, d'où, dans le langage de la province, découlaient, pour l'habitant des chaumières, les consolations et les vérités éternelles, jusqu'à ces antiques et pompeuses métropoles, *où le tabernacle brillant d'or était voilé par des nuages d'encens*, où, de la chaire de vérité, s'échappaient ces paroles éloquentes qui troublaient la conscience même des rois ; oui, tout, dans le clergé français, tendait à redresser les erreurs, à épurer les mœurs, et à perpétuer les dogmes et la foi.

Eh bien! parcourez, si vous en avez le courage, quelques écrits de nos jours, depuis l'in-8° des bibliothèques jusqu'à l'in-32 des coins de rue, depuis les journaux politiques jusqu'aux feuilles soi-disant littéraires, périodiques ou non. Voici le sens de leurs discours : Les prêtres sont les ennemis des lumières, ils sont les défenseurs du despotisme, et leur ambition veut tout envahir.

Après nos longs jours d'égarement et de crimes, combien d'hommes avaient besoin de se retremper aux sources de la vie éternelle! Des prêtres dévoués vont porter en tous lieux des paroles de repentir et de pardon : l'agent philosophique et libéral se révolte et crie au scandale. Prêcher le repentir, c'est prêcher la désunion; parler de morale, c'est porter le trouble dans les familles. Il faut laisser mourir le spoliateur sans lui dire que la famille dépouillée demande du pain à sa porte, et l'impie sans lui annoncer qu'il va tomber aux mains d'un Dieu vengeur.

L'accord merveilleux qui existait entre la politique, les lois civiles et la religion, on n'en veut pas; les lois humaines doivent passer avant les lois divines; on n'a que faire de Dieu dans les grands actes de la vie. On voit enfin se perpétuer les efforts d'une secte ennemie qui n'a cessé de rugir depuis Celse jusqu'à Condorcet, et qui, dans les trente années qui viennent de s'écouler, a entassé, contre le christianisme, tous les genres de persécutions que plusieurs siècles seuls avaient pu enfanter.

Ne dites pas que nous tombons dans l'exagération. M. de Salvandy lui-même, tout favorable qu'il est à la liberté de la presse, est forcé de convenir qu'elle a pu paraître *malveillante* pour le sacerdoce. Quelle malveillance que celle qui porte à insulter un pair de France jusque sur le seuil du palais du Luxembourg, et tout cela parce qu'il est prêtre (1)! A-t-on oublié cet ecclésiastique mutilé et foulé aux pieds à l'époque des missions de Rouen? Il n'y avait donc aussi que de la malveillance dans ces jours d'horrible mémoire, où l'on poursuivait les ministres de la religion aux cris de : *A bas les prêtres!* Pour qu'il y ait plus que de la malveillance, il faut donc attendre qu'on les accable d'une grêle de pierres, ou qu'on lance sur les fleuves les bateaux à soupapes de l'infâme Carrier? Continuez, et l'on y arrivera.

Tout au plus, dites-vous, on est disposé à

______

(1) M. l'abbé duc de Rohan.

confondre le clergé avec la société de Jésus. Mais quel honnête homme, attaché à la religion et au Roi, n'a reçu son brevet de jésuite, et n'a été ainsi désigné à la haine? N'est-ce pas avec des dénominations que l'on a perdu la France? Les noms d'aristocrate et de girondin n'ont-ils pas servi à proscrire ou à diffamer? Les écrivains du *Conservateur* ont-ils oublié qu'on voulait les flétrir en les désignant par le nom d'*ultrà?* Ont-ils oublié que du tems de défunte *Minerve*, on parlait d'un gouvernement occulte présidant aux destinées de la France, comme aujourd'hui l'on parle de la congrégation et du jésuitisme? Alors, pour épouvanter l'habitant des campagnes, n'annonçait-on pas le retour de la dîme et d'autres droits féodaux, comme aujourd'hui l'on parle de mille projets aussi absurdes, tendant à nous ramener vers un tems englouti pour jamais? Il faut, en vérité, que les passions aveuglent étrangement les hommes, pour ne pas voir que la secte philosophique et libérale suit le même système, et que les dénominations seules sont changées.

Oui, en diffamant les ministres de la religion, on espère détruire la religion elle-même. Oui, après la ruine des autels, on compte sur la chute des trônes; et quel homme, en effet, s'il a cessé de croire et de se soumettre à la puissance divine, serait assez simple pour croire et se soumettre à la puissance humaine?

Voyez aussi ce qui se passe autour de nous; voyez cette jeunesse jetée comme à la hâte entre l'empire et la restauration; elle est née assez tôt pour recueillir des principes de désordre, et pas assez pour être témoin de leurs conséquences sanglantes. Demandez-lui quelles sont ses croyances; voyez comme elle se soulève contre toute entrave; encore enveloppée des langes de l'enfance, elle veut marcher comme dans l'âge mûr. Elle veut être une puissance; elle a des remontrances à faire valoir, des lois même à imposer Voyez son superbe dédain pour tout ce qui est autorité, sa moquerie pour tout ce qui est sacré ou vénérable : elle est pleine de savoir et d'incrédulité. Pour elle, des connaissances sont la vertu, des systèmes sont la foi, des raisonnemens sont la raison.

Insensés, qui prétendez marcher à la tête du siècle, et qui serez entraînés par lui, comme Mirabeau le fut par la révolution! dites-nous donc ce que vous allez donner, pour la satisfaire, à cette jeunesse, avide de tout pouvoir, impatiente de toute autorité , vous qui lui avez donné tant d'imagination et de savoir, tant de manières de raisonner, tant de prétentions et tant de droits, mais si peu de foi, si peu de véritable raison et de sagesse, si peu de croyance, de sentimens d'ordre et de durée ? Vous lui avez ouvert un avenir immense ; de quoi le remplirez-vous ? Mûrie avant le tems, à peine à son midi, elle aura parcouru toute la carrière de l'homme dans la société ; l'aliment qui, autrefois, suffisait à l'homme pour toute la vie, elle l'aura dévoré avant d'avoir parcouru la première partie de l'existence. Que va-t-il lui rester pour satisfaire la seconde? Turbulente et inquiète, où trouvera-t-elle le repos et le bonheur pour les derniers jours de la vieillesse? Ne lui restera-t-il donc, pour user la vie, qu'à se jeter dans la carrière des révolutions, afin de chercher des positions nouvelles au milieu de la tourmente générale?

A quoi voulez-vous que conduise, en effet, cette activité, sans avenir comme sans fin ; cette soif de sensations toujours nouvelles qui amènent après elles le malaise et le dégoût; ce besoin de se déplacer, qui fait bondir chaque individu hors de sa sphère, et qui est le caractère menaçant de notre époque? A quoi tout cela nous conduira-t-il, s'il est vrai, pour parler comme M. de Salvandy, *que les emportemens appellent les emportemens, comme les abîmes appellent les abîmes ?*

Ce n'est point dans tout cela, je le sais, que vous trouverez la cause de la révolution qui nous menace, et qui ne peut, dites-vous, tarder à éclater. Vous aimez mieux dire, et c'est plus facile, que les actes du ministère vont la précipiter ; vous répétez que si nos ministres étaient renvoyés, vous répondriez du salut de l'état, et cependant vous avez écrit :

« S'il est une opinion ignorante et frivole, » c'est le sentiment de ceux qui proclament que » la révolution...... fut un incident que des in- » cidens pouvaient changer, qui ne se serait » pas accompli si Arouet était demeuré à la » Bastille, s'il y avait eu un prince de moins » dans la maison royale, quelques démagogues » de moins au sein des trois ordres, etc., etc. »

(M. DE SALVANDY.)

Oui, vous avez raison. Quand on exigea de l'infortuné Louis XVI le renvoi d'un ministre, la révolution était faite, car elle éclata, bien que le malheureux roi se fût rendu aux vœux d'une multitude factieuse. Si une révolution nouvelle doit nous engloutir, un changement de ministère ne nous en préserverait pas ; car ce serait *une opinion ignorante et frivole de croire qu'elle serait un incident que des incidens peuvent changer.* Vous le voyez, c'est vous-*même* qui réduisez au néant le moyen de salut que vous réclamez cependant à hauts cris. Accordez-vous donc avec vous même, sans cela je ne vois en vous qu'un prêtre des faux dieux qui fait parler, selon ses passions, les entrailles des victimes.

Une chose qui nous consolerait un peu de vos sinistres prophéties, si nous pouvions ajouter une foi aveugle à vos discours, c'est que vous nous assurez que les tems et les hommes sont changés ; mais prenez garde à vos aveux : si un tel changement a eu lieu, nous n'aurons pas de révolution ; si nous avons une révolution, ce changement n'a pas été opéré. A moins que vous ne prétendiez qu'il y a changement, parce que, au lieu de se faire à l'aide des faubourgs, la révolution nouvelle se ferait par les courtauds de boutique et les élèves de nos écoles. Ainsi donc, tout ce qu'on aurait gagné, c'est qu'au lieu d'être brutalement appendu aux cordes des réverbères, on nous passerait au cou le nœud coulant de percalle ou de mousseline; et au lieu d'être condamnés par des gens qui ne savaient pas lire, on nous prononcerait notre arrêt de mort avec l'accompagnement de quelques phrases rajeunies du *Journal des Hommes libres*....... Qu'y aurait-il donc de changé? Eh mon Dieu! rien; car les mêmes doctrines doivent faire les mêmes hommes, et le même système amener-les mêmes événemens. Et l'on prêche les mêmes doctrines, et l'on suit le même système !

Toutes les classes de citoyens ont été décimées par la calomnie ; il n'en est pas une dont les membres, s'ils avaient quelques vertus, n'aient été traînés devant l'opinion publique. La vie privée a été mise à nu, et les familles n'ont plus eu de secrets. Autrefois à Rome, sous Tibère et Néron, la dénonciation était largement récompensée, mais elle ne l'était que par les Césars, et le peuple témoignait son dégoût et son indignation; de nos jours, la calomnie a recherché et obtenu les honneurs de l'ovation populaire; elle les obtint aussi à cette époque où Beaumarchais se servait de *sa plume comme d'un poignard;* à cette époque où, comme aujourd'hui, on insultait aux membres de l'assemblée nationale. Alors M. Ma-

louet disait à la tribune (1) : « Plusieurs repré-
» sentans sont diffamés dans les journaux, dans
» les libelles qu'on crie dans les rues, qu'on
» envoie dans les provinces, et l'on appelle ces
» désordres la liberté...... Ne faut-il pas gémir
» de voir les spectateurs des travaux législatifs
» avilir les opinions, et avoir l'audace de les
» juger ! »

Ces lignes ne semblent-elles pas tracées pour
notre époque, et pour peindre ce qui se fait et
ce qui se dit contre la majorité de notre chambre des députés? Et l'on appelle aussi ces désordres la liberté!

Aujourd'hui, et depuis long-tems, n'en
appelle-t-on pas aussi à la multitude des actes
du gouvernement?

« Il était réservé, » disait un noble pair en
1820, lors de la discussion de la loi de censure (2), « il était réservé à notre siècle d'a-
» percevoir dans une ignorante multitude l'ar-
» bitre de toute justice, l'interprète de toute
» sagesse, et le suprême dominateur de toutes
» les volontés. » Ces paroles n'ont-elles pas
reçu naguère leur application, et la jeunesse

(1) Discours de M. Malouet à l'assemblée nationale, le
10 octobre 1789.

(2) M. le comte de Saint-Roman.

de nos écoles n'a-t-elle pas été appelée à délibérer sur le choix de ses maîtres?

Se pourrait-il que la liberté de la presse exerçât une pareille influence? Ecoutez :

« Parmi les hommes, le petit nombre pense
» et le grand nombre adopte. Or , veut-on
» savoir ce que c'est qu'adopter dans le sens
» même qu'attachent à ce mot des esprits d'un
» certain ordre? Adopter, c'est recevoir sans
» contradiction, sans examen tout ce qui flatte
» nos préjugés ; c'est éviter soigneusement
» toute lecture, toute discussion qui pourrait
» nous éclairer ; c'est enfin payer à la faiblesse
» humaine le tribut le plus complet et le plus
» humiliant. Penser, au contraire , dans l'o-
» pinion de ceux qui s'en réservent le privi-
» lége, c'est reconnaître au fond du cœur,
» mais sans l'avouer publiquement , que la ci-
». vilisation actuelle de l'Europe rend impos-
» sible toute oppression des peuples , toute
» grande injustice des gouvernemens ; c'est ne
» pas se dissimuler que les dissentimens poli-
» tiques amènent les factions et celles-ci les
» combats. Mais c'est songer en même tems
» aux chances favorables qui en peuvent ré-
» sulter pour l'intérêt et l'ambition. C'est en
» un mot flatter le peuple pour l'asservir , se

» prosterner à ses pieds pour dominer en son
» nom, et vanter sa puissance pour obtenir
» le droit d'en disposer... Ce honteux échange
» d'esclavage et de pouvoir, d'orgueil et d'ab-
» négation est l'un des fruits amers qu'a pro-
» duits parmi nous la liberté de la presse! »

Et ce qui était vrai alors l'est encore plus aujourd'hui que la lecture des journaux est devenue un besoin impérieux, une pâture indispensable. Aussi, pour parler comme M. Pasquier, alors ministre des affaires étrangères (1) :

« Je vois toutes les puissances s'écrouler
» également. Une seule demeure, celle des
» journaux, elle seule a tout remplacé. »

Et voulez-vous savoir par quels hommes et au profit de quels hommes est exploitée cette puissance ?

« J'admets volontiers, je devance même
» toutes les exceptions qui doivent être faites
» parmi eux. Je conviens, je sais que des hom-
» mes honorables par leur caractère, remar-
» quables par leur talent n'ont pas dédaigné
» de descendre aussi dans cette arène ; mais je
» ne crains pas de leur dire, et il faut bien »

(1) Discours prononcé à la chambre des pairs le 28 février 1820.

» qu'ils entendent cette vérité......... Ce n'est
» point à eux à remuer les peuples..... Ils ne
» savent point parler à cette lie des nations
» qui, de toutes parts, ne demande qu'à surgir
» le poignard et la torche à la main. L'effroya-
» ble droit d'être entendu et compris par de
» semblables hommes ne leur appartient pas et
» ne leur appartiendra jamais. Il est tout entier
» dans cette race d'écrivains qui, tour à tour
» empruntant tous les masques, sait et peut
» seule employer cet art épouvantable de sol-
» liciter et de mettre à profit les sentimens les
» plus honteux, les plus abjects que puisse ren-
» fermer le cœur de l'homme; race à part, race
» étrangère à nos mœurs par ses sentimens, je
» dirai même par son langage, c'est elle qui
» agite incessamment le brandon de la calom-
» nie, celui de l'injure, aussi contraire à notre
» caractère français qu'à l'esprit de la monar-
» chie. »

Le voilà donc le gouvernement de journaux
tel qu'il s'est fait, tel qu'il s'est produit chaque
jour à notre vue. Désirez-vous savoir où il
vous conduira, regardez la révolution tout
entière, voyez à la suite de 1789 ces mêmes
journaux dans leur effroyable licence ébranler
d'abord pour la renverser bientôt la puissance

de ce roi magnanime qui avait le premier proclamé la liberté de la presse. Voyez les en 1792 renverser cette constitution de 91 , qui avait constitué cette même liberté. Il en est quelques-uns d'entre eux dont le nom seul effraie et souille encore la mémoire comme les crimes qu'ils se chargeaient de rendre populaires ; du jour où la terreur cessa de peser sur la France, d'autres journaux contribuèrent à renverser la convention. Eh bien ! ils pourraient à juste titre se vanter de ce service s'il n'y avait à leur répondre qu'inhabiles à rien conserver ils ne savent que renverser , qu'ils ne sont utiles et bons que quand il s'agit de détruire. Depuis trente ans telle a été constamment leur histoire parmi nous , et certes aujourd'hui nous n'avons pas besoin que l'on détruise encore.

Force fut donc en 1820 d'adopter une loi pour briser ou du moins pour affaiblir cette puissance, ce despotisme des journaux.

Alors aussi on disait ce que M. de Salvandy a dit de nos jours : « Point de liberté de la » presse , point de formes représentatives , » point de charte constitutionnelle. La censure » doit tuer le régime que nous avons, ou la » couronne l'aura bientôt brisée. » Eh bien, la couronne la brisa. Il fallut bientôt la faire revivre. La couronne la brisa de nouveau le jour d'un heureux avènement. Qu'a-t-on fait de ce bienfait? La situation actuelle de la France a répondu, et il a fallu que la presse ait été bien coupable puisqu'elle a forcé la couronne à reprendre ses dons. Qu'ai-je besoin d'énumérer ici ses crimes, après les pages que je viens de tracer?

Comment pouvoir gouverner, avec la liberté absolue de la presse, un peuple aussi susceptible, aussi changeant, aussi facile à entraîner que le nôtre, quand on songe que chaque vanité blessée, chaque ambition déçue peut faire entendre ses murmures; qu'alors chacune de ces passions ouvre un registre où viennent se rallier et se consigner d'autres vanités, d'autres ambitions, et que chaque vanité, chaque ambition croit et dit représenter les intérêts du plus grand nombre. En vérité, *une république même n'y tiendrait pas*, et c'est encore M. Pasquier qui le déclarait à la tribune de la chambre des pairs (1).

« Il n'est point de système politique assez » robuste pour la supporter (la liberté de la » presse), telle qu'elle existe parmi nous; nul

______

(1) Discours précité.

» gouvernement, je dis même celui des États-
» Unis d'Amérique, où les grandes masses de
» population se trouvent si inférieures aux nô-
» tres, où les bras laborieux sont si occupés,
» où les hommes sont dispersés à des distances
» si grandes, ce gouvernement, dis-je, quoique
» républicain, n'y résisterait pas. »

Nous n'espérons pas convertir à notre opinion ceux qui ont fait des journaux une exploi-
tation industrielle, ni ceux qui ne cherchaient
dans leur lecture qu'un aliment à la malignité.
Ni les intérêts blessés, ni les plaisirs interrom-
pus, ne voudront reconnaître la gravité des
circonstances actuelles, puisqu'on prétendait
aussi que cette gravité n'existait pas alors que
Louvel espéra tarir la source du sang des rois.
En faisant de son attentat un crime isolé, on
voulait montrer que lès doctrines révolutionnaires ne menaçaient pas la royauté et l'ordre
social. Mais on se souvient aussi qu'un homme de
génie écrivit alors des paroles foudroyantes,
et il voulait parler de la révolution, repré-
sentée par un homme qui avait fait alliance
avec les doctrines révolutionnaires.

Eh bien, ce sont les mêmes doctrines que
l'on a répandues aujourd'hui ; elles ont germé,
et qui sait si elles n'étaient pas sur le point de

porter encore leur fruit de mort. Fallait-il donc attendre , pour charger de chaînes la licence de la presse, qu'elle eût fait surgir un nouveau poignard.

N'entendez-vous pas encore les cris tumultueux du Champ-de-Mars, où des gardes civiques semblaient prêter leur appui à des exigences populaires, et rappeler ainsi ces tems où des factieux armés réclamaient tour à tour l'exil ou le rappel d'un ministre?... Si, à l'époque de la fédération, un acte courageux avait été fait pour la briser, vous auriez battu des mains, et vous auriez dit : La royauté est sauvée, des citoyens ne deviendront pas des soldats du prétoire pour faire ou défaire les empereurs.... Mais, aujourd'hui, vous ne voyez qu'un acte arbitraire et de perdition, là où, jadis, vous auriez vu une voie de salut. L'histoire a qualifié de criminelles les clameurs de la fédération, vous approuvez l'histoire. Aujourd'hui, vous n'appelez qu'*inconvenans* (1) les cris du Champ-de-Mars. Vous êtes tombés dans l'erreur où tombèrent ceux qui ne voyaient qu'une révolte dans la fédération. M. de Liancourt l'appela une révolution, et il fut pro-

____

(1) Expression de M. de Châteaubriand.

phète.... Le ministère a profité de ce mot ; il a vu aujourd'hui ce que M. de Liancourt avait vu autrefois, et cependant vous lui en faites un crime, et vous appelez l'envoi de M. La Fayette à la chambre des députés, *la monnaie du licenciement de la garde nationale*. Non, c'est la monnaie des mauvaises doctrines. On a tant répété que nous touchions à un bouleversement que les gens sur lesquels vous exercez de l'influence ont cru ne pouvoir mieux servir vos desseins, qu'en vous envoyant *le vieux des révolutions*.

Qu'ai je donc besoin de justifier encore la nécessité de la censure? et ma tâche ne serait-elle pas terminée si je n'avais à répondre à cette objection prise de la suffisance des lois qui nous régissent pour réprimer les abus de la presse? Et cette réponse ne sera-t-elle pas péremptoire, si je dis que tout le mal énuméré dans cet écrit a été fait en face de ces lois répressives? Mais, objectera-t-on, dans quel cas la justice a-t-elle manqué de sévir contre les coupables? J'en conviens, jamais; mais il ne faut pas confondre la culpabilité matérielle avec la culpabilité morale, ou mieux, les crimes par les actions, avec les crimes par la pensée. Ainsi, lorsque tel fait est arrivé, on sait immédiatement s'il y a crime ou non , parce que la loi définit le meurtre , le vol, etc. , et qu'il n'est pas possible au meurtrier ou au fripon d'envelopper son action de circonstances telles que , le fait existant , le meurtre ne soit un meurtre , et le vol un vol , excepté dans les cas d'intention, et d'autres circonstances atténuantes et prévues par la loi elle-même..... Mais le crime par la pensée n'est pas aussi facilement et aussi généralement aperçu ou déclaré crime. L'écrivain coupable a les moyens de retourner ses idées et de leur donner une direction inoffensive , comme aussi de les retracer avec des paroles irréprochables, et de ne laisser ainsi qu'une tendance au mal , tendance qui pourra être vue par l'esprit , mais qui ne pourra être saisie matériellement comme une preuve de crime. Ainsi l'écrivain aura produit l'effet qu'il attendait, et le jour où il sera cité à la barre sera pour lui peut-être une occasion de causer un nouveau scandale, et de publier, à l'aide de l'inviolabilité de l'avocat , et sous le prétexte de la latitude du droit de défense , des commentaires bien clairs, bien précis, et qu'il n'aurait pu que rendre transparens dans son journal. C'est ce qui vient d'arriver dans la diatribe que Me Dupin a pro-

noncée dernièrement en faveur du *Constitu-*
tionnel et du *Courrier français.* Pourquoi se
préparer ainsi à la dignité des discussions
parlementaires ?

En punissant, la loi a pour but d'atteindre
le coupable et de l'empêcher pour toujours,
ou pour un certain tems, d'être nuisible. Telles
qu'elles existent, nos lois sur les journaux
frappent-elles le vrai coupable? Non ; elles
n'atteignent que l'éditeur responsable.

Qu'est-ce qu'un éditeur responsable? C'est
un homme qui trafique de sa liberté, qui va
dire au propriétaire d'une feuille périodique :
« Il vous faut un dos sur lequel la justice puisse
frapper, prenez le mien. Vous avez besoin de
mains que le poids des chaînes ne fatigue pas,
voyez celles-ci ; » et le marché se conclut. Le
bouc émissaire est acheté; l'esclave est attaché
au journal. Quelle y sera sa participation? ré-
digera-t-il des articles? Non. On a vu de ces
hommes ignorer ce que c'est que d'écrire et
même de parler; tout au plus s'ils pouvaient
mettre la croix obligée au bas de l'exemplaire
déposé.

Bientôt arrive le jour de la prévarication.
C'est le jour de l'espérance pour ces sortes de
gens, car leur paie augmente durant la capti-

vité. L'arrêt est prononcé ; le condamné remercie ses juges comme s'il en avait reçu une grâce, et après s'être réjoui, au sein de sa famille, du bonheur qui lui arrive, il se rend à Sainte-Pélagie. Il n'y est point reçu comme un étranger ; le geôlier lui sourit, les affreux guichetiers lui tendent une main amie : c'est un habitué qu'on revoit. Il est vrai qu'il avait abandonné sa patrie adoptive ; mais il y revient, et, de même qu'au retour de l'enfant prodigue on tua le veau gras dans la maison paternelle, on célèbre par une orgie le retour d'un ancien compagnon.

N'est-ce pas se moquer des lois, que de les éluder ainsi ! Et cette moquerie ne suffirait-elle pas à elle seule pour justifier l'établissement d'une mesure, qui, en empêchant le crime d'être commis, empêche que les lois ne subissent une application dérisoire ?

Nous avons cru devoir démontrer la nécessité de l'établissement de la censure. Les faits que nous avons présentés prouveront cette nécessité aux hommes qui ne ferment point les yeux à l'évidence. Maintenant il nous reste à répondre à une objection sur laquelle on revient souvent : c'est la légalité de la mesure. On a dit : Pour que la censure puisse être établie, il faut des *circonstances graves*. Et où sont-elles, ces *circonstances graves ?* s'est écrié le plus fort de nos adversaires; des troubles ont-ils éclaté? l'impôt ne se perçoit-il plus? des provinces se sont-elles soulevées? a-t-on découvert quelque conspiration contre le trône? sommes-nous menacés d'une guerre étrangère? Non, sans doute; mais voulez-vous attendre que le mal soit fait pour y porter remède? ne vous souvenez-vous plus de ce mot terrible que vous-même avez fait entendre? *Cet homme a glissé dans le sang*, disiez-vous à une époque douloureuse. Qu'avait-il fait, cet homme, pour que vous en parlassiez ainsi? Il avait lâché la bride à la révolution, il avait fermé les yeux sur ses excès, il l'exploitait à son profit. Et vous, que faites-vous aujourd'hui?

Mais revenons à la légalité. Vous voulez que le peuple se refuse à payer l'impôt, pour qu'il y ait *circonstances graves ;* eh bien! lisez toutes les feuilles du parti, et vous verrez qu'il y a tout au plus un mois qu'on y disait au contribuable : « La mission de vos mandataires » expirera bientôt, car vous ne les avez élus » que pour cinq ans. Quand ces cinq ans seront » écoulés, ne balancez pas, refusez-vous à payer » l'impôt; on viendra chez vous opérer une

» saisie, mais vous ferez opposition, et les
» tribunaux déclareront que le pouvoir des
» membres de la chambre ayant cessé, la loi
» de finance ne pouvait pas être votée par eux,
» et que la saisie est nulle. » Certes, si le refus
de payer les contributions est considéré par
vous comme une *circonstance grave*, ne pou-
vait-on pas considérer comme telle la provo-
cation à cet acte de révolte qui renversait toute
la Charte, puisqu'il établissait qu'un pouvoir
avait la faculté d'usurper les droits d'un autre ;
car la justice, qui n'est que la partie du pouvoir exécutif relative au droit civil, jugeait les
actes législatifs qu'elle ne peut qu'appliquer,
et quelquefois interpréter. Et voyez où cela
conduisait! Si toutes les cours du royaume
n'avaient pas adopté la même jurisprudence,
si quelques-unes s'étaient attribué le droit dont
parlaient les journaux que je viens de citer, et
si d'autres avaient pensé qu'elle n'avait pas ce
droit, après plus de trente-huit années d'efforts pour sortir d'une route périlleuse, nous
retombions dans les inconvéniens où se trou-
vait la France sous les parlemens, époque où
un édit boursier était souvent exécutoire à Paris et point à Rouen.

Prévenir le mal est tout en gouvernement.

On évite par là d'avoir à le réparer lorsqu'il est commis, chose qui n'est pas toujours possible. N'y aurait-il que ce dont je viens de parler, il y aurait bien *circonstances graves*, même d'après vos doctrines, car vous en avez quelques-unes de très-bonnes, et je les adopte entièrement. Du reste, le ministère a toujours le droit de rétablir la censure, car la loi du 31 mars 1820 n'ayant point désigné qu'elles étaient les *circonstances* que l'on pouvait qualifier de *graves*, il en résulte que tout ce qui paraîtra *grave* à la couronne pourra motiver la mise en vigueur de la mesure exceptionnelle. Plus tard, les ministres auront à rendre compte de leur conduite aux chambres, et là seulement on pourra les interroger, apprécier leurs motifs, les condamner même s'ils sont coupables. Répondre à des brochures, à de petits écrits, n'est point leur rôle.

Nous pouvons encore invoquer, en faveur de la censure et de sa légalité, l'opinion d'un orateur que l'opposition reconnaît aujourd'hui pour l'un de ses plus fermes soutiens. M. Laîné disait, le 25 mars 1820, à la chambre des députés :

« Lorsque le pouvoir, harcelé par tant d'at-
» taques et surtout par les attaques de ceux qui,

» jusqu'à ce jour, avaient paru le défendre, a
» perdu les moyens de protection et même de
» conservation, il en est du pouvoir comme
» du crédit. De même que, dans certaines cir-
» constances, lorsque le crédit est abattu, il
» faut recourir à des emprunts pour le relever;
» de même que nous avons eu des emprunts
» qui, à très-bon droit, pouvaient passer pour
» très-usuraires, et qui ont pourtant sauvé l'é-
» tat; ainsi en admettant, si l'on veut, la dé-
» finition que les lois exceptionnelles sont des
» emprunts usuraires (1), si le pouvoir en ac-
» quiert plus de fixité, s'il est moins attaqué
» et outragé, et surtout si, à l'aide de cet em-
» prunt, il détruit la licence, il aura beaucoup
» fait, il aura remonté son crédit, et finira par
» rallier ceux qui le combattent. »

Voilà une autorité, peut-être? Eh bien! si
l'on adopte la manière de voir de M. Laîné,
n'est-il pas vrai qu'il sera facile encore de démontrer la nécessité de la mesure exceptionnelle, car ce qu'il disait relativement à un autre tems et à un autre ministère, s'applique
parfaitement à nos ministres et à notre époque;
mais ne nous hâtons pas de triompher.

(1) Cette comparaison avait été faite par M. Royer-Collard
dans la séance du 24 mars 1820.

Il est un autre chef d'accusation porté contre les conseillers du trône par l'illustre auteur que je combats, et ce chef d'accusation demande une réponse. L'honorable pair attaque l'article 9 de l'ordonnanance réglementaire du 24 juin dernier, qui dit : « Quand il y aura » lieu, en exécution de l'art. 6 de la loi du » 31 mars 1820, à la suppression provisoire » d'un journal ou écrit périodique, elle sera » prononcée par *nous*, sur le rapport de notre » garde des sceaux. »

Tous ceux qui connaissent l'art. 6 de la loi du 31 mars 1820, ne manqueront pas d'être étonnés qu'on s'élève ainsi contre l'art. 9 de l'ordonnance réglementaire. Or, savez-vous ce qu'on reproche à cet article 9 ? le voici, la loi du 31 mars dit textuellement : « Lorsqu'un » propriétaire ou éditeur responsable sera pour- » suivi en vertu de l'article précédent, *le gou-* » *vernement pourra* prononcer la suppression » du journal ou écrit périodique jusqu'au ju- » gement. »

« Que faut-il entendre par ce mot *gouver-* » *nement ?* dit l'auteur de la brochure intitulée : » *Du Rétablissement de la censure.* Il faut en- » tendre la couronne, les deux chambres et les » juges inamovibles. Pourrait-on jamais souté-

» nir que le gouvernement est la personne royale
» toute seule. »

Nous répondrons : La personne royale toute
seule est le gouvernement sous le rapport de
l'exécution des lois. Sous le rapport de leur
confection, le gouvernement, c'est la royauté
et les chambres; sous le rapport de leur application, ce sont les juges inamovibles agissant
au nom du Roi. Et, quand bien même ces
principes ne seraient pas reconnus généralement, comment pourrait-on se refuser à penser
que le législateur, dans l'article de loi cité plus
haut, n'a dû avoir en vue que la personne
royale; car, la censure ne pouvant être établie
que dans l'intervalle des sessions, il devenait
impossible d'en appeler aux décisions des chambres pour la suppression provisoire du journal
incriminé.

« Quoi! s'écrie encore l'illustre pair, c'est le
» Roi qui ordonnera la suppression provisoire
» d'un journal! c'est la royauté que l'on fera
» descendre à un pareil rôle! c'est la couronne
» qui s'abaissera à des fonctions de cette na-
» ture! c'est le pouvoir suprême qui luttera
» corps à corps avec la première de nos liber-
» tés! Ministres, y avez-vous bien pensé! »
En vérité, on ne sait que répondre à de sem-

blables paroles. Pourquoi mettre toujours les ministres en jeu? pourquoi surtout les attaquer ainsi, lorsqu'ils ne font qu'exécuter la loi? S'il est vrai, comme nous croyons l'avoir démontré, que le mot *gouvernement*, dans l'acte législatif du 31 mars, ne signifie rien autre chose que la couronne, il en résulte que la couronne seule devait être nommée dans l'ordonnance du 24 juin, et cela n'a pas pu échapper à M. de Châteaubriand; mais il fallait critiquer, et l'amertume de sa critique s'est étendue jusque sur le monarque; il fallait surtout satisfaire ce besoin impérieux de vengeance qui semble diriger toutes les actions du plus grand écrivain de notre époque.

'Plus loin, l'auteur exprime l'opinion que des pairs et des députés ne peuvent pas être investis des fonctions de membre du comité de surveillance. « En prêtant leur serment, comme » pairs et comme députés, dit-il, ils ont juré » de maintenir la Charte. Il leur est donc mo- » ralement interdit de faire partie d'un conseil » créé pour la mise en vigueur d'une mesure » qui suspend le plus sacré des droits accordés » par la Charte. »

Avant de répondre à cette observation, nous demanderons au noble pair s'il a bien réfléchi sur la Charte. Or, cette Charte dit, art. 15 : « La puissance législative s'exerce collective-» ment par le Roi, la chambre des pairs, et la » chambre des députés des départemens. » D'où il faut nécessairement conclure que toute loi présentée par le Roi et adoptée par les chambres est selon la Charte, et que ce n'est ni trahir, ni enfreindre ses sermens que de prêter son nom ou ses lumières à l'exécution de cette loi.

Ici finit le combat que nous avions à livrer à l'opposition; mais il nous reste encore une tâche à remplir : il nous reste à dire aux ministres ce que nous pensons sur la manière dont ils doivent faire la censure. Ce n'est pas tout que d'avoir une arme, il faut encore savoir s'en servir, et le soldat novice qui, dans l'espoir de faire plus de mal à l'ennemi, mettrait double charge dans sa carabine, s'exposerait à la faire éclater, et à être tué par les débris de l'arme qu'il dirigeait contre les rangs opposés. Nous nous sommes gardés d'étudier les hommes d'aujourd'hui dans les livres d'autrefois, et de croire, comme le font quelques personnes, que du haut de son balcon on pouvait apercevoir la marche du siècle. Nous avons marché avec le siècle ; nous l'avons suivi pas à pas, non-seulement en

France, mais ailleurs. Qu'avons-nous vu ? partout des hommes égarés par l'esprit du libéralisme et de la fausse philosophie. Leur ôter l'aliment qui nourrissait de semblables erreurs nous paraissait nécessaire ; vous l'avez fait. Soyez-en loué ! Mais nous avons la conviction que l'habitude de s'occuper des choses publiques est tellement répandue chez nous, qu'il y aurait danger imminent à ne point les laisser discuter dans les journaux. Chacun a le droit de présenter son opinion sur les affaires du pays ; c'est une concession faite par la Charte, don cher et sacré du monarque législateur, et que Charles X a juré de maintenir. Repoussez donc les fausses doctrines, les injures, les personnalités, les faits menteurs ou erronés dont les feuilles publiques se remplissaient ; mettez le Roi, la religion de l'état, et les cultes légalement reconnus, hors des atteintes de leurs détracteurs ; faites enfin que l'action de la censure se rapproche, autant que possible, de la liberté de la presse. Gouverner, ce n'est pas diviser, ainsi qu'on l'a prétendu ; ce n'est pas détruire, c'est, au contraire, réunir et conserver. Or, cherchez les moyens de réunion et de conservation, et quand vous les aurez trouvés, soyez sûrs que vous aurez sauvé la France en affermissant la monarchie. Le moyen de conservation, vous le possédiez depuis long-tems, mais vous différiez de vous en servir; aujourd'hui, que vous avez eu le courage de l'employer, il ne vous reste plus qu'à tâcher de réunir tous les sujets autour de ce trône illustré par tant de règnes vertueux. En vain vous dira-t-on que la chose est impossible; refusez-vous à le croire. Tout ce qui est raisonnable est possible; mais rien de ce qui n'est plus dans les mœurs, dans les usages de la nation, ne doit être tenté. Souvenez-vous que les sociétés ne rétrogradent pas; plus on veut les retenir, plus elles courent vers l'abîme où le vent de l'extrême civilisation les pousse; soyez donc comme ce pilote que les tempêtes entraînent vers l'écueil; il ne peut plus arrêter son vaisseau, aussi ne le tente-t il pas; mais il peut le diriger, et tout en le laissant courir en avant, il évite, par un simple changement de direction, d'aller frapper le rocher sur lequel un pilote moins habile se serait fracassé.

Nous avons approuvé l'acte vigoureux que vous venez de faire, et nous l'avons approuvé parce que l'on connaît vos censeurs, parce que vous avez repoussé ce système qui établissait en France une inquisition littéraire, secrète et ténébreuse comme d'autres inquisitions. Aujourd'hui le droit de maudire ses juges ne serait plus illusoire, car on saurait le nom auquel devrait être accolée la malédiction.

Votre conseil de surveillance offre aussi des garanties; mais ce qui surtout nous rassure, ce sont les hommes qui le composent, leurs lumières et leur intégrité, leur amour du bien public et leur ardent désir d'être utile à la monarchie sont des gages certains du zèle qu'ils apporteront à bien diriger l'exécution d'une mesure qui peut tout sauver, mais qui pourrait tout perdre si, à la place des principes et des doctrines, on mettait des intérêts individuels.

Maintenant nous croyons notre tâche terminée ; notre franchise va sans doute soulever bien des cris contre nous. On ne manquera pas de nous traiter de servile dans le parti libéral. Chez quelques royalistes, on ne fera pas plus de cas de nos frayeurs qu'on n'en faisait à Troie des prophéties de la fille de Priam ; on niera l'utilité de la censure; mais n'importe, nous avons aussi adopté pour devise : *Fais ce que dois, advienne que pourra*, et nous répondrons à ceux qui croiraient que leurs injures peuvent nous imposer silence, ce qu'un membre de l'une de nos assemblées législatives disait à des interrupteurs qui ne partageaient point ses opinions : « En fait de murmures » possibles, je ne crains que celui de ma cons- » cience. »

—

P. S. Depuis que cet ouvrage a été remis à l'imprimeur plusieurs écrits ont paru contre la censure. Le plus remarquable est la seconde brochure de M. de Châteaubriand, où nous avons trouvé des raisonnemens que nous pourrions combattre aujourd'hui même si le tems ne nous manquait pas ; mais comme notre brochure *de la France et de la Censure* ne sera pas la dernière lance que nous romprons en faveur de nos principes, nous relevons le gant et nous ajournons le vicomte à un tems qui n'est pas très-éloigné. Nous espérons avec l'aide de Dieu nous en tirer à bien.

FIN.

DE L'IMPRIMERIE DE PILLET AÎNÉ,
rue des Grands-Augustins, n. 7.

9 782013 446648